PROJET

D'INSTITUTION NAVALE GRATUITE

sous le titre

École Mariti-Pupillaire

EN FAVEUR DES ENFANTS DE PARIS

Ayant du goût ou des dispositions naturelles pour se livrer au métier de la mer, mais qui ne sont pas assez riches pour être admis à l'École navale entretenue à Brest par le Gouvernement, et ne peuvent pas l'être dans les compagnies de mousses entretenues par la marine.

PROJET

D'INSTITUTION NAVALE GRATUITE

SOUS LE TITRE

École Mariti-Pupillaire

EN FAVEUR DES ENFANTS DE PARIS

Qui auraient du goût ou des dispositions naturelles pour le métier de la mer

mais qui ne sont pas assez riches

pour pouvoir être admis à l'école navale entretenue au port de Brest, et qui ne peuvent pas l'être dans les compagnies de mousses entretenues par la marine.

PAR G. LAIGNEL,

CAPITAINE DE VAISSEAU EN RETRAITE,

Auteur d'un Projet pour l'organisation du Conseil d'Amirauté et du Ministère de la Marine en France, publié en 1818.

AH! SI J'AVAIS MES PETITS PARISIENS!

L'empereur Napoléon, à la veille de la bataille de

» Les hommes sont ce que les fait l'éducation, qui n'est autre chose que l'art de former les enfants à penser et à agir comme on veut qu'ils pensent et agissent étant hommes.

» On peut donc dire que l'éducation est la source de tout le bien et de tout le mal moral, et qu'elle nécessite l'attention du gouvernement. »

(Extrait d'un ouvrage intitulé : l'*Ami de la Concorde*, par un avocat au parlement de Paris, et publié à Londres, en l'*an mil sept cent soixante-cinq.*)

IMPRIMERIE DE MONCHENY ET COMP^{ie},

Rue de Sèvres, 94, à Vaugirard.

1848.

Table des Matières.

DE LA NÉCESSITÉ

De trouver et de fournir aux familles indigentes de la Capitale le moyen de destiner au métier de la mer ceux de leurs enfants qui auraient du goût ou des dispositions naturelles pour parcourir cette carrière (1).

S'il est une vérité assez manifeste et assez sentie pour qu'on puisse croire qu'il serait au moins superflu d'entreprendre de la démontrer, c'est que la période de la vie de l'homme qui s'écoule entre le commencement de sa dixième et la fin de sa seizième année d'âge en est la plus importante; parce qu'il est certain que c'est de l'*éducation* qui lui sera donnée, de l'INSTRUCTION qu'il recevra, et de LA CONDUITE qu'il aura été dans le cas de tenir pendant ces six années, que, considéré sous tous les rapports possibles, son avenir peut dépendre, autant pour lui-même que pour la société en général.

Comment donc se fait-il que ce soit lorsqu'un grand nombre d'enfants, *nés et vivants dans Paris,* parcourent cette période de leur vie, que leurs parents, quand ils ne les ont pas, trouvent le moins de facilités pour les préserver d'être continuellement témoins de la dépravation des mœurs qui afflige la capitale; de les soustraire au libertinage dont ils ne peuvent pas manquer d'éprouver sans cesse les tentations, et enfin de leur éviter de succomber aux occasions qu'ils ont de se livrer à tous les vices, dont ils ont constamment le spectacle sous les yeux?

Un fait bien avéré à cet égard, c'est qu'à Paris, sur les trois cents jours de l'année non fériés, il ne s'en passe peut-être pas un sans que, soit devant quelque juge d'instruction, soit devant

(1) Comme ce travail avait été rédigé en 1836, il est probable que les événements arrivés en France à la fin de Février dernier le rendent susceptible de quelque modification; mais tant que je ne serai pas à peu près sûr qu'il pourrait éprouver de la part du gouvernement actuel un autre accueil que celui qu'il avait reçu il y a douze ans, je ne prendrai pas la peine de le retoucher.

la chambre du conseil, soit devant la chambre des mises en accusation, soit devant le tribunal de police correctionnelle, soit devant la cour d'assises, on n'y soit occupé, d'une manière quelconque, par quelqu'un de ces enfants parisiens, qui bien certainement n'y auraient jamais comparu, si leurs parents avaient eu les moyens DE LES SURVEILLER assez pour les empêcher de trouver l'occasion de commettre l'action qui les a conduits devant la justice; comme c'est une vérité qu'on ne peut pas plus contester, si on veut se donner la peine de parcourir avec quelque attention les journaux quotidiens ou les recueils périodiques qui rendent compte de ce qui se passe tant dans ces chambres que devant ces tribunaux, et compulser les comptes rendus par le ministre sur l'administration de la justice en France (1).

Or, dans cet état de choses, que fait la société de Paris, qui en est la *seconde* victime (car assurément ce sont ces enfants qui en sont la PREMIÈRE), pour prévenir la multiplicité de ces arrestations et de ces condamnations?

Que fait aussi le Gouvernement, dont on ne peut méconnaître qu'un des devoirs les plus obligatoires est celui de prévenir des effets de ces condamnations leurs malheureuses victimes?

Ce que fait la société parisienne? le voici:

Elle lit des feuilles quotidiennes et des publications périodiques, dans lesquelles il n'est question que de la philantropie la plus sentimentale!

Elle écoute des discours, et elle assiste à des réunions qui ne proclament que du dévouement à l'humanité!

Elle publie des écrits ainsi que des livres dont elle récompense généreusement les auteurs, pour inspirer et exciter ces nobles seutiments!

Elle examine et elle discute des projets proposés pour alléger la misère publique, et multiplier les secours aux indigents!

(1) Il est certain que si on mettait l'une à la suite de l'autre toutes les formalités judiciaires exigées par la loi dans ces circonstances, soit pour interroger les enfants eux-mêmes, soit pour interroger les témoins, soit pour en délibérer dans les chambres qui doivent le faire, soit enfin, pour et dans les audiences où ces affaires se terminent, il est certain, dis je, qu'il n'y a point d'exagération dans ce que j'avance ici.

Elle recherche les moyens d'adoucir le sort des condamnés..... *quand ils sont dans les prisons!*

Elle envoie à grands frais d'honorables citoyens philosophes, et des écrivains aussi distingués par leur instruction que par leur philantropie parcourir tous les pays civilisés répandus sur la surface du globe, chercher à y découvrir quels pourraient être les meilleurs systèmes à adopter, pour ramener à des sentiments de vertu, ainsi qu'à des principes de probité, dont le séjour prolongé des prisons leur a souvent fait perdre jusqu'à l'idée qu'ils avaient pu en concevoir avant d'y entrer, les malheureux condamnés à ces prisons.... LORSQU'ILS EN SORTIRONT!

Mais elle n'a garde d'aviser aux moyens qu'il faudrait employer pour *prévenir* leur condamnation; et encore moins s'occupe-t-elle de leur fournir ces moyens?

Quant à ce que le gouvernement fait dans ce même but, le voici :

Il dépense des sommes énormes, perçues au moyen d'impôts appelés *indirects,* qui pèsent DIRECTEMENT sur le peuple.

1° Pour solder des myriades d'agents de police, dont une des principales occupations est non seulement de guetter si des enfants, par gourmandise, ou bien par espièglerie, ou bien par tout autre motif à-peu-près semblable, n'escamotent pas quelque pomme sur la boutique d'une fruitière, ou bien quelques pruneaux sur la boutique d'un épicier, ou bien quelque brioche sur celle d'un pâtissier; mais encore d'arrêter ceux de ces enfants escamoteurs qui ne sont pas assez adroits pour échapper à leur vigilance, ou bien assez lestes pour éviter d'être appréhendés.

2° Pour détenir ces enfants pendant quelque temps *emprisonnés,* avec le titre de PRÉVENUS!

3° Pour garder ces mêmes enfants, BIEN PLUS LONG-TEMPS EN PRISON; mais cette fois à titre de PUNITION, et même quelquefois sans que ce soit UNE PUNITION!!! (1)

(1) Il est assez remarquable que *le jour même* que dans le ministère de la marine, on m'annonçait « qu'on s'opposait de toutes ses forces au principe de l'admission dans la marine des enfants qui auraient été traduits à la police

4° Pour instruire contre ces enfants une procédure, qu'il faut leur faire subir, afin de savoir si, en escamotant ces pommes, ces pruneaux, ces brioches, etc., ils ont agi *avec* ou *sans discernement.*

5° Pour faire assigner et entendre des témoins quelquefois aussi nombreux que fréquemment inutiles, pour attester que ces enfants, qui en conviennent eux-mêmes, ont effectivement volé ces pommes, ces pruneaux ou ces b.ioches!

6° Pour payer le timbre et l'enregistrement d'une masse de papiers qu'on prétend être, ou bien qu'on sait rendre nécessaires quelquefois à la condamnation de ces enfants, mais plus fréquemment à leur mise en liberté, ou bien à leur remise à leurs parents!

7° Pour faire bâtir, et entretenir à grands frais, des édifices publics, quelquefois immenses, sous les titres de maisons d'arrêt, maisons de dépôt, maisons de détention, maisons de réclusion, prisons, pénitentiaires, bagnes, galères, etc.

8° Pour préposer, et entretenir préposés à la direction, à la surveillance, à la police et à la garde de ces édifices nationaux, un personnel aussi nombreux que coûteux!!

9° Et enfin pour salarier convenablement des huissiers, des greffiers, des procureurs du Roi, des juges d'instruction, des juges composant des chambres de conseil, des juges formant des chambres de mise en accusation, des juges siégeant en tribunal de police correctionnelle, des juges présidant des jurys, des juges siégeant en cour d'assises, des juges révisant en cour d'appel, et enfin des juges formant une cour suprême ou cour de cassation (1); tous magistrats ou hommes de robe, lesquels sont en

correctionnelle, » le magistrat qui présidait ce tribunal, adressait *au petit Mouzet*, AGÉ DE TREIZE ANS, le langage suivant : « Vous êtes donc abandonné de tout le monde? — Hélas! oui, Monsieur le président. — Eh bien! le tribunal ordonne, NON POINT COMME UNE PUNITION, mais dans votre intérêt, que vous resterez PENDANT TROIS ANS dans la prison des Jeunes Détenus!!! » (Extrait du journal *le Bon Sens*, du 29 juillet 1.37).

Dans quels sentiments a dû sortir cet enfant après ses trois ans de prison?

(1) Bien certainement l'existence de toutes ces personnes est nécessaire à la société, mais il n'est pas moins vrai que dans les procès faits aux enfants dont il s'agit ici, la coopération d'un grand nombre d'entre elles est requise, et que, pour le moins qu'on en puisse dire, *c'est ridicule!*

plus ou moins grand nombre, et plus ou moins souvent rendus indispensables pour prononcer l'acquittement ou la condamnation de ces enfants escamoteurs ou voleurs de pommes ou de brioches, ou de pruneaux, etc. (1)

Sans doute tout cela est obligatoire pour le gouvernement dans l'intérêt général de la société; mais toujours s'abstient-il de faire aucune dépense pour que LA SURVEILLANCE des enfants dont il s'agit puisse être faite par leurs parents; pour empêcher que ces enfants puissent se soustraire A CETTE SURVEILLANCE PATERNELLE; pour prévenir que ces enfants aient à subir l'instruction de ces procédures; et enfin pour éviter à ces magistrats la nécessité de condamner ces enfants !!

Voilà ce que la société parisienne et le gouvernement FONT et NE FONT PAS pour la classe indigente des habitants de Paris, c'est-à-dire pour la classe de ces habitants qui, appartenant aux derniers degrés de celles ouvrières, contient le plus de germes de corruption, et fournit le plus grand nombre de jeunes condamnés, principalement lorsqu'elle est surchargée d'une nombreuse famille, dont font partie plusieurs enfants mâles.

Voilà la bienveillance, les soins et les bienfaits que cette classe si nombreuse des habitants de Paris, *et ne fût-ce que par ce nombre* SI DIGNE D'ÊTRE PRISE EN CONSIDÉRATION, reçoit dans la capitale, tant de la société parisienne que du gouvernement !

Mais est-il question des classes aisées et opulentes de ses habitans? Oh! alors c'est bien différent!

École polytechnique, école navale, école militaire, école d'état-major, école Saint-Cyr, école d'équitation, école d'application, école des ponts-et-chaussées, école des mines, école de droit, école de médecine, école de pharmacie, école de commerce, école des arts et métiers, écoles normales des premier et deuxième degrés, école des langues orientales, etc., etc.

(1) Il n'est sûrement pas nécessaire de faire connaître ici qu'on convient que dans les deux derniers paragraphes qui précèdent, comme dans quelques-uns de ceux qui vont suivre, il y a un peu d'exagération; mais on se la permet dans le but ainsi qu'avec l'espoir de faire mieux sentir combien il serait urgent d'adopter un système qui obvierait aux inconvénients qu'on signale.

Cours public de jurisprudence, cours public d'histoire, cours public de physique, cours public de chimie, cours public d'éloquence sacrée, cours public d'éloquence profane, cours public de musique, cours publics, etc., etc.

Colléges à Paris, colléges de département, avec bourses et demi-bourses, grands et petits séminaires, gymnase normal, gymnase militaire, gymnase civil, athénées, pensions, maisons d'éducation, etc.

Tous ces établissements, ou au moins une grande partie de ces établissements, certainement pour la plupart très dispendieux, sont créés et entretenus les uns par la société parisienne, les autres par le gouvernement, pour les enfants de ces classes d'habitants de Paris, dont il est encor à remarquer que le plus grand nombre de ceux de ces habitants aux enfants desquels ces établissements sont ouverts, *même gratuitement souvent*. sont déjà fortement rétribués sur le budget géneral des dépenses de la France !

Voilà aussi ce que la société parisienne et le gouvernement font en faveur des classes aisées et opulentes des habitants de la capitale.

Mais peut-être, ou plutôt *indubitablement*, va-t-on dire, en ne pouvant pas néanmoins contester que les choses se passent à-peu-près ainsi, non seulement il existe pour les enfants de la classe indigente, des écoles primaires, des écoles d'enseignement mutuel, des écoles chrétiennes, etc., dont le gouvernement fait les frais, et dans lesquelles par conséquent l'admission est gratuite; mais encore il ne pourrait pas convenir aux intérêts généraux de la société, non plus qu'à ceux particuliers des enfants pauvres dont il s'agit, qu'ils reçussent l'éducation, et surtout l'instruction donnée aux enfants des autres classes qui viennent d'être désignées.

C'est encore une vérité incontestable, et qu'on n'a garde de méconnaître ici; mais on répondra que ce n'est pas l'éducation, et encore moins l'instruction que ces derniers reçoivent qu'on demanderait pour les premiers.

On demanderait, et on demanderait seulement, des *établissements* dans lesquels les enfants pauvres seraient admis SANS PAYER, analogues à ceux dans lesquels les enfants riches sont admis EN PAYANT, avec cette différence que dans les premiers de ces établissements on donnerait aux enfants en faveur de qui ils seraient créés et entretenus une éducation ainsi qu'une instruction convenables à l'état que dans l'ordre social ils pourraient être appelés à exercer un jour; de même que dans les établissements actuellement existant, on donne aux jeunes gens qui y sont reçus une éducation et une instruction appropriées aux destinations qu'ils seront en position d'avoir dans la société par la suite des temps, et par l'effet de cette éducation ainsi que de cette instruction qu'ils auront reçue.

C'est-à-dire qu'on demanderait qu'il fût créé des *établissements* dans lesquels non seulement les enfants de la classe indigente recevraient d'abord une éducation morale, mais surtout religieuse, pendant qu'ils y apprendraient à lire, à écrire, à compter, et UN MÉTIER, qu'une fois éloignés de l'établissement, à l'âge de seize ans, ils pourraient exercer aussi utilement pour se procurer des moyens d'existence, qu'avantageusement pour la société, dont ils deviendraient alors des membres utiles, au lieu d'en être le fléau; mais encore et surtout dans lesquels ils seraient surveillés avec autant *d'attention, de sévérité et de continuité*, que les enfants riches le sont dans les colléges et dans les pensions où ils font leur éducation et reçoivent l'instruction, parce que c'est cette surveillance contiuuelle *seule*, qui peut préserver ces enfants de devenir plus tard dangereux pour la société, comme c'est A ELLE SEULE qu'il faut attribuer le petit nombre généralement et comparativement parlaut de mauvais sujets qui sortent des maisons d'éducation affectées aux riches; en même temps que ce n'est aussi *qu'à son absence* qu'il faut s'en prendre si la classe indigente en fournit une si grande quantité!

En vain objecterait-on que ces établissements, ici réclamés en faveur de la classe indigente des habitants de Paris, seraient une charge excessivement onéreuse à la capitale, qui ne pourrait y satisfaire, *ne fût-ce que sous le rapport des dépenses qu'ils entraîneraient!*

Ce serait une erreur qu'il ne serait probablement pas difficile de démontrer ni de prouver.

Il suffirait d'y destiner une petite partie des sommes énormes qu'un peu plus haut on a vu être dépensées d'abord par la société dans l'exercice de sa bienfaisance et de sa philantropie, tant envers les indigens qu'envers les prisonniers en général; secondement par le gouvernement, pour faire guetter, appréhender, arrêter, juger, condamner, emprisonner, etc., *seulement les enfants au-dessous de seize ans;* et il est incontestable que ces deux moyens réunis seraient d'autant plus suffisants pour pourmettre la création ainsi que l'entretien des établissements ici réclamés dans l'intérêt de la classe véritablement indigente des habitats de Paris, qu'il ne faudrait pas croire que ces établissements dussent être très multipliés, ni la dépense de chacun d'eux très élevée(1).

Pourquoi donc ces établissements n'existent-ils point? C'est ce qu'on ne cherche point à approfondir ici, parce que ce n'en est pas l'occasion. et que dans cet écrit on n'a pas le but de s'occuper plus longtemps de cet objet; mais on n'hésite pas à prétendre que si le gouvernement en avait sincèrement la volonté, il pourrait aussi facilement que promptement créer un certain nombre d'établissements, si non absolument tels que ceux dont il vient d'être fait mention, *au moins susceptibles d'en remplir la destination*, avec cet avantage qu'au moyen d'une très légère subvention, annuellement payée par lui, ils contribueraient non seulement à faciliter à un grand nombre de jeunes Parisiens qui au-

(1) Cette dépense serait d'autant moins forte qu'elle n'entraînerait pas celle de la nourriture, non plus que celle du logement, ni celle de l'habillement des enfans qui seraient admis dans ces établissements, où ils ne le seraient que pour la journée. Ils y seraient amenés au commencement du jour avec leurs vivres pour la journée, par leurs parents, qui ne viendraient les reprendre qu'à la nuit, de sorte qu'ils y passeraient *la journée entière*, dans le cours de laquelle il y aurait des heures consacrées à l'éducation ainsi qu'à l'instruction et au travail, en même temps qu'il y en aurait d'autres affectées à la récréation ainsi qu'à la promenade, etc., *mais toujours et partout sous une surveillance aussi spéciale que sévère* ET CONTINUELLE.

raient du goût ou bien des dispositions naturelles à embrasser l'état de marin, les moyens d'entrer dans cette carrière, *qui leur est forcément fermée,* ainsi qu'on va le voir dans le chapitre suivant; mais encore contribueraient à accroître en France le personnel de la population maritime, et par conséquent de la marine française, tant militaire que commerciale.

DE L'IMPOSSIBILITÉ

de pouvoir embrasser l'état de marin, dans laquelle sont placés les jeunes Parisiens auxquels la nature peut avoir donné du goût ou des dispositions pour parcourir cette carrière, mais qui ne sont pas assez riches pour être admis à l'école navale, et qui ne peuvent pas l'être dans les compagnies de mousses entretenues par le ministère de la marine.

S'il est un âge convenable pour commencer l'état de marin, c'est bien certainement celui de dix à quatorze ans, et même encore plus jeune quand c'est possible; et cependant c'est lorsque les jeunes Parisiens auxquels la nature peut avoir donné du goût, ou bien des dispositions pour parcourir cette carrière, sont dans cette période de leur vie, qu'ils trouvent *le moins de facilités*, et il faut le dire, LE PLUS D'OBSTACLES pour y entrer.

Cela paraît peut-être surprenant au premier abord; ce n'est pourtant que la vérité, et malheureusement une vérité produite *par la force et l'état actuel des choses*, ainsi qu'on va le voir.

En effet, il est sensible que l'individu qui n'a pas encore dépassé sa quatorzième année d'âge (et cela s'applique bien plus sensiblement à celui qui ne fait que d'entrer dans son troisième lustre, ou qui n'y est pas encore entré), ne peut guères, sous le rapport des forces physiques, comme sous celui des capacités morales, être considéré autrement que comme un enfant..... que dans cet état il ne peut être d'une grande utilité, soit à bord d'un bâtiment de guerre, soit sur un navire du commerce,.... et qu'un jeune homme qui, ayant atteint l'âge de seize à dix-huit ans, serait embarqué sur un de ces bâtiments, ou sur un de ces navires, pour y remplir les fonctions dont n'ont jamais cessé d'y être chargés les individus qui y sont reçus sous la dénomination de *mousses*, non seulement y rendrait, au besoin, des services plus importants et plus effectifs que ne le sont ceux rendus par un de ces derniers, mais encore ne coûterait pas beaucoup plus cher que lui tant pour la solde que pour la nourriture.

D'où il suit évidemment que le gouvernement, sur ses bâtiments, et encore bien moins les armateurs sur leurs navires, ne sont point empressés, et ne peuvent pas même l'être, de prendre à leur service et pour mousses, des enfants qui n'ont pas atteint leur seizième année d'âge (1); et c'est ce qui effectivement a lieu dans l'un et l'autre services, ainsi qu'en voici les preuves.

La première, qui est incontestable, *a été officiellement donnée par le ministère de la marine*, dans le rapport qui, à la séance du 26 avril 1836, fut fait à la Chambre des Députés par M. Jollivet, au nom de la commission chargée d'examiner le projet de loi présenté par le gouvernement relativement à la pêche de la morue; et de laquelle commission faisait partie M. Pouyer, directeur du personnel au ministère de la marine, ce qu'il est d'autant plus important de faire remarquer que la présence de cet administrateur dans cette commission ne peut pas permettre que l'exactitude *des déclarations ministérielles consignées dans ce rapport* soit mise en doute.

Or, on y trouve :

Premièrement, « que le nombre des mousses existant dans les différents ports, ainsi que sur le littoral maritime de la France, et portés sur les registres de l'inscription maritime, s'élevait, à l'époque du 1er octobre 1835, *à douze mille cinquante-deux*, et n'était déjà plus, au 1er janvier suivant, que de ONZE MILLE NEUF CENT QUARANTE-QUATRE; » ce qui, seulement dans le cours de ces deux époques très rapprochées, en faisait une diminution DE PLUS DE CENT.

Secondement, « que sur ce nombre de 11,944, le gouverne-

(1) L'article 3 de la loi du 25 octobre 1795 concernant l'inscription maritime, porte : « Tout citoyen qui commencera à naviguer ne pourra s'embarquer ni être employé sur les rôles d'équipages d'un bâtiment de la république ou du commerce que sous la désignation de *mousse*, depuis l'âge de dix ans jusqu'à quinze ans accomplis, et sous celle de *novice* AU-DESSUS DE CET AGE. »

ment n'en employait à bord de ses bâtiments armés, que 707, ce qui ne faisait pas un sur seize. »

Et enfin « que presque le quart du nombre des mousses existant *ne trouvaient plus à s'embarquer.* »

Voilà ce qui est consigné dans un état officiellement remis par le ministère de la marine, à l'époque du mois d'avril 1836.

Depuis cette époque, une nouvelle inspection de l'inscription maritime a été faite par cinq capitaines de vaisseau, entre le mois d'octobre 1837 et le mois de mai 1838.

Le résultat de cette nouvelle inspection, dont la date peut être fixée au 1er janvier 1838, présente un état de choses encore bien plus déplorable, puisque dans le rapport qui en a été fait on découvre

1° Que le nombre de mousses existant en France, qui au 1er janvier 1837 était encore de 11,944, n'était plus, au 1er janvier de l'année suivante, que de 10,988, ce qui en faisait une nouvelle diminution de 956 dans le cours d'une seule année!

2° Que le nombre des mousses qui ne trouvaient point à s'embarquer, et qui au 1er janvier 1837, n'était que le *quart*, s'élevait déjà au *tiers* au 1er janvier 1839, quoique d'une année à l'autre le nombre total des mousses compris dans l'inscription maritime ait été diminué de près de MILLE.

Voilà ce que présentent des documents officiels fournis par le ministère de la marine, ce qui en prouve l'exactitude, et ce qui sans doute prouve bien évidemment le peu d'empressement qu'on a en France, tant à bord des bâtiments de guerre que sur les navires du commerce, à employer des mousses, c'est-à-dire des enfants n'ayant pas plus de quinze ans.

Une seconde preuve de ce peu d'empressement, ou plutôt, car il faut en convenir, *de la répugnance* qu'on éprouve en France à employer à la mer des individus placés dans cette catégorie, et laquelle preuve est tout aussi incontestable que la première, est encore officiellement donnée par le ministère de la marine lui-même, dans l'ordonnance royale du 11 novembre 1836, dont l'article 27 fixe le nombre des mousses qui dorénavant devront être embarqués à bord de chacun des bâtiments de l'état, dont l'armement serait dans le cas d'avoir lieu.

Lorsqu'à l'époque de 1791 les registres de l'inscription maritime ne présentaient que 8,350 mousses, le nombre de ceux qui devaient être embarqués sur un vaisseau de 80 canons (et proportionnellement sur les autres bâtiments de rangs inférieurs), était de *soixante*; et, en 1836, lorsque ces mêmes registres de l'inscription maritime présentaient *près de douze mille mousses*, cette ordonnance du mois d'octobre 1836 a réduit ce nombre de soixante à **VINGT-QUATRE** seulement !!! et aussi proportionnellement pour les autres bâtiments de rangs inférieurs (1).

Mais ce qui, à cet égard, doit le plus surprendre, s'il ne faut pas dire le plus affliger, c'est que cette mesure a été ordonnée à une époque à laquelle non seulement, comme on vient de le voir, le nombre des mousses portés sur les registres de l'inscription maritime excédait de plus de trois mille six cents celui qui existait en 1791, mais encore lorsqu'il était constant que le nombre de navires que le commerce est dans le cas d'équiper aujourd'hui est réduit de plus d'un tiers de celui qu'il en avait à cette dernière époque; et lorsqu'il est de plus avéré que près du tiers du nombre des mousses qui existent aujourd'hui, ne trouve pas à embarquer!

Certainement lorsque c'est le gouvernement lui-même qui, en de pareilles circonstances, donne l'exemple de diminuer A CE POINT le nombre des mousses qui, *d'après une loi non encore abrogée à cet égard, autrement que par quelque ordonnance semblable à celle de* 1836, devrait être embarqué en beaucoup plus grand nombre (2), si quelque chose doit encore surprendre, c'est sans

(1) On cite ici le vaisseau de 80 canons parce que, dans l'ordonnance du 11 octobre 1836, il est indiqué comme étant celui du dernier rang des vaisseaux de ligne admis dans la composition du matériel de la marine française, et par conséquent celui qui est dans le cas d'être le plus souvent armé.

(1) Cette loi est celle du 3 brumaire an IV (25 octobre 1795). Aucune loi postérieure ne l'a encore abrogée. Il y a même plus : c'est qu'*à l'exception près peut-être de ce qu'elle prescrit dans l'intérêt de l'accroissement de la population maritime, et qui maintenant est mis de côté*, elle est généralement la bâse fondamentale de la conduite tenue par l'administration de la marine, en ce qui concerne l'inscription maritime.

Or, le nombre des mousses que cette loi prescrit d'embarquer sur un

doute qu'il ne se trouve pas considérablement plus de mousses sans embarquement.

Quant à ceux que dans la marine militaire, comme dans la navigation du commerce, on admet encore, il ne faut pas se le dissimuler: ce n'est pas en raison de leur utilité effective qu'ils y sont reçus; ce n'est que parce qu'on a l'espoir qu'ils continueront à naviguer, qu'ils augmenteront par conséquent un peu plus tard la population maritime du pays; et surtout parce que daus ces deux services on sait très bien que pour devenir *un bon matelot*, ce qui pour eux est encore quelque chose de plns qu'un bon marin, il faut avoir commencé à naviguer dès l'âge le plus tendre.

Aussi qu'arrive-t-il?

C'est d'abord, ainsi qu'on vient de le faire remarquer, que, tant à bord des bâtiments de l'état que sur les navires de commerce, on ne prend aujourd'hui que le moins de mousses qu'on peut; et que ce nombre serait encore beaucoup plus réduit si les ordonnances, qu'on n'ose pas toujours tout-à-fait transgresser, ne fixaient pas celui *obligatoire* pour chacun de ces deux services.

C'est ensuite que si d'un autre côté on considère *l'augmentation* qui a eu lieu dans le nombre des mousses portés aujourd'hui sur les registres de l'inscription maritime, en le comparant à celui des mousses qui étaient portés sur ces registres en 1791; et que si, d'un autre côté, on considère LA DIMINUTION qui existe entre le nombre des navires que le commerce arme aujourd'hui, en le comparant au nombre de ceux qu'il équipait à cette dernière époque, on ne peut pas manquer de reconnaître que, sous le premier de ces rapports, il y a *un tiers plus de mousses à placer*, tandis que, sous le second, il y a peut-être *la moitié moins de places à leur donner*!

C'est encore que par l'effet de cette dernière raison le nombre de ces places est aujourd'hui tellement restreint qu'il est très éloigné de pouvoir suffire à employer la totalité des jeunes Fran-

vaisseau de 80 était de *soixante!* et ce qui doit rendre encore plus remarquable, dans l'ordonnance du mois d'octobre 1836, la dérogation qui y est faite à cette loi, c'est que dans plusieurs autres parties de cette ordonnance elle-même il y est renvoyé comme encore existante, et reconnue exister.

çais, *nés dans les ports ou sur le littoral maritime de la France*, qui se présentent pour obtenir celles disponibles, puisque le document ministériel, consigné dans le rapport fait par M. Jollivet, fait connaître que, dès cette époque, le nombre de ces mousses existant qui ne trouvaient pas à s'embarquer, s'élevait à 2,700, sur 11,944, c'est-à-dire à-peu-près le quart; et que, d'après le rapport fait par MM. les capitaines de vaisseau qui ont été chargés d'inspecter l'inscription maritime un peu plus tard, ce nombre de mousses qui ne trouvent point à s'embarquer, est de plus de 3,400 sur 10,988 qui sont inscrits, ce qui fait maintenant à peu près le tiers.

C'est enfin, et par une conséquence toute naturelle de ce qui précède, qu'il ne peut se trouver aucune place de mousse à disposer *en faveur des jeunes Parisiens* qui auraient du goût ou des dispositions naturelles pour devenir marins, attendu qu'ils ne peuvent point aller dans les ports d'armement attendre que quelque capitaine veuille bien les prendre à son bord, en les préférant aux enfants, *déjà à moitié marins*, qui pourraient aussi se présenter pour avoir ces places, auxquelles d'ailleurs ces derniers auraient peut-être déjà encore d'autres droits résultant de l'état ou bien de la profession que leurs parents exerceraient relativement aux intérêts, ou bien au service soit de la marine militaire, soit de la navigation commerciale.

Ainsi donc, comme on a commencé à l'avancer, et comme il est impossible de le méconnaître ou de n'en pas convenir après ce qui précède, *c'est une vérité produite par la force et l'état actuel des choses*, qu'il n'existe point aujourd'hui de moyen pour faciliter ou donner au jeune Parisien qui voudrait se destiner à l'état de marin la possibilité de s'y livrer, à moins qu'il n'appartienne à une famille assez favorisée de la fortune pour qu'elle puisse l'envoyer dans un port d'armement, et l'y entretenir pendant quelque temps, afin qu'il ait celui d'y attendre un embarquement; ou bien à moins que sa famille n'ait assez de crédit, soit auprès des bureaux du ministère de la marine, s'il s'agit d'un embarquement à bord d'un bâtiment de l'état; soit auprès de quelque négociant armateur, s'il est question de s'embarquer sur un navire du commerce, pour obtenir que son embarquement ai lieu tout aussitôt son arrivée dans le port où il se rendrait.

Mais dans l'un et l'autre de ces cas, il ne faut pas se dissimuler qve ce jeune Parisien ne sera qu'un aspirant à augmenter la classe déjà trop nombreuse des officiers de la marine du commerce. Il ne deviendra point le matelot dont la marine militaire et la navigation marchande ont un si grand besoin; et ce qui sera encore pire, c'est qu'il sera un nouvel obstacle à ce que le jeune Parisien dont les parents sont loin d'avoir de la fortune, ou bien des protecteurs, et qui ayant du goût ou des dispositions naturelles pour devenir ce marin si nécessaire, puisse entrer dans la carrière.

Or, comme c'est de ce dernier, et principalement de ce dernier, dont le gouvernement, dans l'intérêt général de la société, comme dans celui particulier du jeune Parisien qui n'est pas riche, doit s'occuper, c'est dans le but de l'aider à remplir ce devoir, qu'on lui présente le projet d'une institution qui lui en donnerait les moyens, et dont on joint ici sommairement, afin de lui en donner une première idée, les bâses principales et constitutives, seulement afin de lui en démontrer la possibilité, ainsi que la facilité de l'adoption; mais surtout pour faire sentir l'utilité, s'il ne faut pas même dire la nécessité de cette institution.

D'abord, dans l'intérêt particulier de ceux des jeunes Parisiens auxquels son adoption faciliterait l'entrée dans la carrière de la marine.

Secondement, dans celui des deux marines, militaire et commerciale, auxquelles elle assurerait chaque année une augmentation de véritables marins.

Troisièmement, dans celui de la ville de Paris, à qui elle procurerait tous les ans le placement d'un certain nombre d'enfants, qui ne peuvent y causer que du désordre par la vie vagabonde et *peu surveillée* que la situation de leurs parents les force à laisser mener.

Et enfin, dans celui de la France entière, par la diminution qu'elle apporterait indubitablement dans le nombre de ceux de ses habitants, qui souvent ne deviennent criminels envers la société que parce qu'au sortir de l'enfance, et dans leur première jeunesse, il n'ont point trouvé les moyens de se soustraire à la funeste influence des vices ainsi que des mauvaises passions dont ils avaient aussi constamment sous les yeux l'exemple, que fréquemment à leur disposition l'occasion et la facilité de s'y livrer(1).

Or, ce sont TOUS CES INTÉRÊTS que l'adoption de l'institution qu'on propose, conduirait à satisfaire, ainsi qu'on en aurait la conviction par les observations qui précèdent, et celles sur lesquelles sont appuyées les principaux articles du développement donné à son projet, dont le principe est : *que le métier de la mer nécessite que le marin s'accoutume de bonne heure au péril, et apprenne à le braver en se jouant* (1)!

(1) Les comptes rendus par le ministre sur l'administration de la justice en France, dans les cinq années 1831 à 1835 inclusfvemet, font connaître que, dans le département de la Seine, c'est la période *de seize à vingt-et-un ans* qui a fourni chaque année le plus grand nombre de condamnés, en comparant cette période quinquennale aux autres périodes d'une semblable durée de chaque année; tandis que dans tous les autres départements de la France, c'est la période quinquennale *de vingt-cinq à trente ans* qui est dans ce cas.

(2) Expressions consignées dans le considérant du décrét impérial du 15 novembre 1810, qui affectait au service de l'armée navale la conscription prise sur le littoral maritime de la France; et lequel trois mois auparavant avait été précédé de celui qui prescrivait que la conscription pour la marine serait levée depuis l'âge de treize ans jusqu'à celui de seize.

BASES

FONDAMENTALES ET CONSTITUTIVES

DU PROJET

D'une institution navale gratuite en faveur des jeunes Parisiens.

NOTA. — Les articles sont indiqués par des lettres, parce que, dans le développement du projet, ils n'occupent pas précisément l'ordre qui ne leur est affecté ici que dans le but de présenter une première idée du projet.

OBSERVATIONS PRELIMINAIRES.

Comme on ne se dissimule point que le projet dont il s'agit n'est pas à l'abri d'objections, et comme on est même convaincu qu'il en est susceptible d'un grand nombre de très spécieuses, on croit devoir prévenir qu'en tête du développement donné à ce projet, dont on n'expose ici que quelques-uns des principaux articles constitutifs, on s'est attaché à prévoir, autant qu'il a été possible, les plus graves de ces objections, afin d'en faire par avance, une réfutation qu'il n'est peut-être pas permis de dire complète, mais qu'on croit pouvoir hardiment prétendre être fondée sur des arguments qu'il serait difficile de repousser.

On croit aussi devoir faire savoir que tous les articles proprement dits constitutifs, qui composent le développement donné à ce projet, sont accompagnés des motifs d'après lesquels il a paru que leur adoption pouvait être proposée, et devait être accueillie.

Aux tableaux A et D, on en a présenté quelques-uns, qui son destinés à établir la justification de ces tableaux, et en même temps à faire voir que ce projet ne peut ni ne doit être rejeté, au moins sans avoir été mûrement examiné.

Toutefois, s'il éprouvait ce sort, on aime à se flatter qu'on voudrait bien au moins faire connaître les raisons de ce rejet.

ARTICLES CONSTITUTIFS DU PROJET.

A. Il existera, sur un point du littoral maritime de la France, un établissement dans lequel seront admis, et constamment entretenus GRATUITEMENT *douze cents enfants de Paris*, AGÉS DE DIX A DIX-HUIT ANS, qui y prendront la dénomination de **PUPILLES DE LA MARINE**.

A *bis*. Cet établissement sera sous le titre de ÉCOLE MARITI-PUPILLAIRE, et sous la protection spéciale du Maire de Paris.

B. A l'avenir, il ne pourra être admis dans cet établissement aucun enfant qui aurait dépassé sa douzième année d'âge, s'il est dans la catégorie du 3e paragraphe de l'article I ci-après, et sa treizième, s'il se trouve dans l'une ou dans l'autre catégorie du 1er et du 2e paragraphes de cet article.

C. Cet établissement, pour son régime intérieur, sous tous les rapports quelconques, sera dans les attributions du ministre de l'intérieur, *sauf la haute surveillance* qui appartiendra au ministère de la marine, ainsi qu'il est plus particulièrement indiqué à l'égard de ces deux ministères dans le développement de ce projet (1).

D. Chaque année, environ 600 de ces pupilles seront embarqués comme suit :

300 à bord des bateaux employés à faire la petite pêche, sur les côtes et sur le littoral maritime de la France.

150 sur les bateaux et navires faisant les grand et petit cabotages.

150 sur les navires de commerce faisant les voyages de long cours ou de la grande pêche en mer.

E. Les 600 autres pupilles resteront à terre dans l'établissement, pour y recevoir une éducation et une instruction appropriées ainsi que convenables à la destination que tous ces pupilles seront dans le cas d'avoir en sortant de l'établissement.

F. Autant qu'il sera possible, l'embarquement, ainsi qu'il est

(1) Dans ce développement, on fait connaître avec quelque étendue les motifs de cet article, qui lui-même en compose plusieurs.

déterminé à l'article O, ne devra durer que pendant une année, de manière à ce que chaque pupille passe alternativement une année à terre, et l'année suivante embarqué.

G. Chaque année, 150 pupilles, *parvenus à l'âge de dix-huit ans révolus,* seront destinés aux équipages entretenus de l'armée navale, dans lesquels ils seront tenus de servir jusqu'à ce qu'ils aient complетté LEUR VINGT-NEUVIÈME ANNÉE D'AGE.

G *bis*. En considération de ce que le temps de service qui serait ainsi exigé de ces pupilles excèderait celui auquel, en leur qualité de Français, ils seraient assujettis par la lôi du recrutement, et de ce que de cette manière ils perdraient la chance du sort lorsqu'ils auraient atteint l'âge requis par cette loi, il leur serait fait des avantages spéciaux tels qu'ils soient dans le cas de les en dédommager convenablement, et dont les principaux sont indiqués ci-après, aux articles **T, U, V, X**.

H. Le nombre des pupilles qui seraient ainsi chaque année destinés à l'armée navale, sera remplacé dans l'établissement par un pareil nombre de jeunes enfants de Paris, qui auraient atteint l'âge de dix ans révolus, mais qui n'en auraient pas plus de douze ou plus de treize, conformément à ce qui est prescrit à l'article B.

I. Les 150 enfans qui seraient ainsi nouvellement admis seraient pris :

1° Parmi ceux qui se sentant du goût ou bien des dispostitions naturelles pour le métier de la mer, demanderaient à avoir cette destination, après toutefois qu'ils en auraient obtenu le consentement de leurs parents, et l'approbation du **TRIBUNAL PATERNEL,** dont la composition est déterminée ci-après, à l'article **K**.

2° Parmi ceux dont les parents demanderaient eux-mêmes qu'on donnât à quelques-uns de leurs enfants cette destination, pourvu que lesdits parents y soient autorisés par ledit Tribunal paternel.

3° Parmi cenx que ce Tribunal jugerait convenable d'y faire destiner, conformément à ce qui sera prescrit par l'article **M** ci-après. (1).

(1) Vers la fin du mois de juin 1837, j'ai eu l'honneur de présenter ce projet à M. l'amiral de Rosamel, alors ministre de la marine, qui, à la date du 25 juillet suivant, me l'a fait remettre, sur ma demande, accompagné

K. *Le Tribunal paternel* dont il s'agit dans l'article précédent, sera composé de trois membres, dont l'un, qui en serait le président, sera un membre de la cour d'appel, ou du tribunal de première instance du département de la Seine; et les deux autres seront : le juge-de-paix et le maire de l'arrondissement dans lequel seraient domiciliés les parents de l'enfant qu'il serait question de destiner à la marine.

L. Lorsque, pour quelque motif que ce pourrait être, des parents, ou toutes autres personnes ayant le droit de les reprér-présenter, croiraient nécessaire, ou seulement convenable de faire destiner à la marine un enfant placé dans la catégorie de l'âge indiqué à l'article B, ils s'adresseraient à ce Tribunal, qui, après avoir approfondi les motifs allégués par les parents, et écouté les observations de l'enfant, déciderait *en bon père de famille*, si cette demande peut et doit être admise; et, dans le cas où cette décision serait favorable à la demande des parents, cette destination aurait lieu.

M. Lorsqu'un enfant quelconque de Paris, placé dans la catégorie de l'âge indiqué à l'article B, c'est-à-dire n'ayant pas dépassé sa douzième année d'âge, se trouverait susceptible d'être traduit, soit devant un tribunal de police correctionnelle, soit même devant une cour d'assises, il serait tout aussitôt adressé au Tribunal paternel, qui prononcerait, s'il le juge convenable, l'envoi immédiat de l'enfant à l'établissement des pupilles de la marine; à moins qu'en raison de l'action commise, ou bien des circonstances, ce Tribunal ne trouvât qu'il doit rester soumis aux poursuites de la justice ordinaire.

N. Dans le cas où l'enfant recevrait sa destination à l'établisse-

d'une lettre très honnête, mais dans laquelle néanmoins il se prononçait formellement contre son adoption,

Une des principales raisons sur lesquelles cette désapprobation était établie, porte sur la catégorie des enfants admis par ce troisième paragraphe de l'article I.

Si j'avais été appelé à discuter cet article en présence de M. le ministre, je lui aurais exposé les raisons d'après lesquelles, dans le développement de ce projet, je me suis déterminé à y introduire cette troisième catégorie d'enfants. que dans le principe je n'avais pas expressément admis, et que d'ailleurs il serait toujours très facile de supprimer si l'adoption de ce projet ne dépendait que de cette suppression.

Resterait ensuite à savoir si après qu'elle aurait été faite, M. l'amiral persisterait dans sa désapprobation de ce projet, que d'ailleurs j'ai combattue avec des arguments que je crois difficiles à repousser, ainsi qu'on peut en juger par mon écrit publié sous le titre de *Réfutation de la Lettre de M. le ministre de la marine*.

ment mariti-pupillaire, conformément à l'article précédent, il y serait envoyé de la même manière que le seraient les enfants désignés aux deux premiers paragraphes de l'article I, afin qu'il y arrive sans une tache dans la réputation qui puisse lui devenir préjudiciable à l'avenir, soit dans l'établissement même, soit lorsqu'il en serait sorti; mais cependaut il en serait transmis *confidentiellement* avis au directeur de l'établissement, afin que la connaissauce qu'il aurait du motif pour lequel l'enfant aurait eu cette destination, puisse, au besoin, lui servir s'il pouvait devenir nécessaire ou seulement convenable de le faire surveiller plus particulièrement partont où il pourrait se trouver, avant d'être envoyé à l'armée navale.

O. Les pupilles de la marine devant passer dans l'établissement *les huit années* qui s'écouleront depuis l'âge de dix ans, qui sera communément celui de leur admission, jusqu'à ce qu'ils aient atteint leur dix-huitième année, qui sera l'époque à laquelle ils seront envoyés à l'armée navale, ils passeront à terre

La première (de 10 à 11 ans), *la troisième* (de 12 à 13), *la cinquième* (de 14 à 15), et *la septième* (de 16 à 17).

La deuxième (de 11 à 12 ans), et *la quatrième* (de 13 à 14), seront passés à bord des bateaux faisant la grande et la petite pêche sur les côtes et le littoral maritime de la France.

La sixième (de 15 à 16) sera passée à bord des navires ou bateaux faisant les grand et petit cabotages.

La huitième (de 17 à 18 ans) le sera à bord des navires faisant les voyages de long cours ou de la grande pêche en mer.

P. Lorsque les pupilles de la marine auront ces destinatione d'embarquement, il sera accordé une indemnité annuelle aux chefs de navires, maîtres ou patrons auxquels ils seront confiés.

Q. Cette indemnité annuelle sera fixée comme suit :

120 francs, ou 10 fr. par mois pour chaque enfant destiné à la petite pêche.

150 francs, ou 12 fr. 50 c. par mois pour celui destiné aux cabotages.

180 francs, ou 15 fr. par mois, pour celui destiné aux voyages de long cours ou de grande pêche.

R. Au moyen de cette indemnité, ceux auxquels elle sera payée seront obligés de nourrir et généralement entretenir les pupilles qui leur seront confiés, *comme s'ils étaient leurs propres enfants,* et la surveillance de leur conduite à cet égard sera exercée par les administrateurs chargés de l'inscription maritime, conjointement avec les présidents des tribunaux ou des chambres de commerce, dans les ports où ils pourront se trouver.

R *bis*. Indépendamment de l'indemnité pécuniaire indiquée à l'article Q précédent, qui sera accordée aux chefs de navires, maîtres ou patrons, auxquels des pupilles de la marine pourraient être confiés, il leur sera fait encore quelques autres avantages, qui sont indiqués dans le développement de ce projet.

S. Les 150 pupilles destinés chaque année aux équipages entretenus de l'armée navale, conformément à l'article G, y seront envoyés comme remplaçants d'un égal nombre de ceux des jeunes Français qui, appelés au service en vertu de la loi actuelle du recrutement, voudraient se faire remplacer, *en payant à la caisse de l'établissement des pupilles pour subvenir à ses dépenses*, telle somme que de temps en temps le Gouvernement fixerait, et qui provisoirement sera portée, conformément au tableau D, à 1,500 fr., dont seulement 1,200 resteraient à cette caisse; les 300 autres devant avoir la destination indiquée à l'article V *bis* ci-après (1).

T. Ainsi qu'on peut s'en former une première idée en jetant les yeux sur le tableau F, et ainsi qu'il est beaucoup plus amplement développé dans le projet, les pupilles de la marine, dans le cours des quatre années que, conformément à l'article O, ils passeront à terre dans l'établissement, y recevront d'abord une éducation religieuse aicsi que morale, et, suivant l'aptitude qu'ils y auraient, ainsi que les dispositions qu'ils y apporteraient; ils y apprendraient à lire et à écrire correctement le français, les premiers éléments du calcul, ainsi que ceux de l'hydrographie et de la navigation, et ceux du dessin linéaire; et plusieurs ou au moins une des langues étrangères vivantes, soit du nord, soit du midi.

(1) On ne porte ici qu'à 1,500 fr. le prix du remplacement, afin de démontrer la possibilité d'adopter ce projet; mais cependant si cette adoption avait définitivement lieu, il n'y a pas de doute que ce prix pourrait très bien être augmenté d'une centaine de francs, qui seraient ajoutés aux 300 destinés à être la propriété du pupille lorsqu'il sortirait des équipages de l'armée navale, et ainsi qu'il est indiqué aux articles V et Y ci-après.

U. Ils seront de plus au moins ébauchés, et s'ils y ont des dispositions qui le permettent, ils seront le plus possible perfectionnés *dans un ou dans deux métiers manuels*, dont l'exercice, après qu'ils auraient terminé leur temps de service obligatoire dans les équipages entretenus de l'armée navale, serait dans le cas de leur assurer des moyens d'existence dans quelque position ainsi que dans quelque pays où il pourrait leur arriver de se trouver un jour à venir.

V. Indépendamment de ces avantages, déjà sans doute très précieux, que les pupilles de la marine obtiendraient pendont leur séjour dans l'établissement, pour les dédommager de la prolougation du temps de service qui serait exigé d'eux, ils en obtiendraient encore quelques autres, qui sont indiqués dans le développement du projet; soit lorsqu'après qu'ils auraient eu complété leur temps de service dans les équipages, ils voudraient les quitter pour aller au commerce; soit qu'à cette époque ils préféreraient continuer de servir dans l'armée navale, où, pendant tout le temps qu'ils y serviraient, *à dater du jour qu'ils y entreraient*, ils jouiraient d'un supplément de paie journalière de 5 centimes, qui, à la fin de chaque mois, seraient versés à la caisse d'épargne, en accroissement de la somme pour laquelle ils y seraieut déjà portés conformément à l'article suivant, et à l'article Y ci-après.

V *bis*. Le prix du remplacement porté par l'article S ci-devant, étant de 1,500 fr., dont seulement 1,200 appartiendraient à la caisse de l'établissement, les 300 autres appartiendraient au pupille qui serait destiné à ce remplacement, et de suite cette somme serait versée à la caisse d'épargnes, où elle serait portée et inscrite en son nom, pour lui être remise, avec les intérêts, à l'expiration de son temps de service obligé.

X. Cette institution devant être placée sous le patronage du maire de Paris, il est probable que ce patronage contribuerait à faire obtenir aux enfants qui y seraient admis les avantages d'une souscription annuelle temporaire, dont la moitié du produit serait destinée, chaque année, à des prix de récompense et d'encouragement, qui seraient distribués à ceux des pupilles qui se trouveraient dans l'établissement au moment où la distribution serait dans le cas d'en être faite.

Y. L'autre moitié du produit de cette souscription serait affectée, par parties égales, à tous ceux des pupilles, sans avoir aucun égard au mode de leur admission, qui sortiraient de l'établissement pour aller servir dans les équipages entretenus de l'armée navale, et auxquels, à l'époque où ils y auraient completté leur temps de service, tel qu'il est fixé par l'article G, cette part serait remise avec les avantages assurés aux dépôts dans la caisse d'épar-où elle aurait été déposée en leur nom, ainsi que pour leur compte, à la suite de celle indiquée par l'art. V *bis* précédent, et l'une et l'autre sommes devant être une propriété à eux acquise et appartenante, le jour qu'ils auraient completté ledit temps de service.

Z. Toutes les personnes employées dans l'établissement des pupilles de la marine, depuis le directeur jusqu'au dernier des employés, conformément au tableau B, seront toutes autant que possible des pensionnaires sur la caisse des invalides de la marine, qui conserveront leurs pensions de retraite *à titre d'appointements*, pour les places ou emplois qu'ils rempliront dans l'établissement; mais toutefois en cumulant avec cette pension les émoluments attachés auxdites places ou emplois, conformément au tableau B, en raison des fonctions dont ils y seront chargés, et ainsi qu'il est indiqué dans le développement du projet, et principalement pour faire face à leur dépense de nourriture pour laquelle il ne leur sera rien accordé.

PREMIER CHAPITRE DES DÉPENSES.

1er ART. PUPILLES ENTRETENUS A TERRE.

600 pupilles entretenus dans l'établissement à terre : chacun d'eux entraînant une dépense annuelle de 300 francs, dont par aperçu 150 pour la nourriture, 100 pour l'habillement, et 50 pour le chauffage, etc. (1)	180,000

2e ART. PUPILLES EMBARQUÉS.

300 Pupilles destinés aux bateaux faisant la petite pêche, sur les côtes et sur le littoral de la France. Chacun de ces pupilles occasionnant annuellement une dépense indemnitaire de 120 francs	36,000	
150 Pupilles destinés à la navigation des cabotages. Chacun d'eux occasionnant une dépense indemnitaire de 150 francs	22,500	
150 Pupilles destinés à la navigation du long cours ou de la grande pêche en mer. Chacun d'eux occasionnant aussi une dépense indemnitaire de 180 francs	27,000	
Total du 2e art. du 1er chapitre des dépenses. . .		85,500
Total du 1er chapitre des dépenses .		265,500

Dans le prospectus de l'établissement particulier existant à Villers-Cotteret, avec le titre d'*École nationale*, on trouve que le prix de la pension, en y comprenant la nourriture, ainsi que

(1) Au compte rendu par le ministère de la marine, pour l'exercice 1834, on trouve à la page 122, article *vivres*, que la ration à terre des équipages de ligne revient par jour à 0 fr., 4096, ce qui fait par année de 365 jours, 149 fr. 50 c., soit 150 fr.

En conséquence, on porte ici celle des pupilles de la marine au même prix, pour ne pas être au-dessous d'une estimation convenablement faite de cette dépense.

De plus, dans l'ouvrage intitulé : *Rapport sur le matériel de la marine*,

les sciences et les arts d'agrément, n'est que de 300 francs, tout payé.

De même, dans l'établissement aussi particulier, appelé *Prytanée de Ménars*, dans le département de Loir-et-Cher, on trouve que, dans la division de cet établissement qui y est affectée à l'École des arts et métiers, le prix de la pension, abstraction faite du couchage, est fixé à 250 fr.

Or, on ne peut pas se dissimuler que, dans ces établissements, il y a à couvrir une multitude de frais qui ne seraient point à la charge de celui des pupilles de la marine, sous le rapport des trois espèces de dépenses dont il s'agit dans ce chapitre.

présenté à M. le vice-amiral de Rosamel, alors ministre de la marine, par M. le baron Tupinier, on trouve à la page 271, que la ration de journalier, pour le mousse embarqué, n'est que de 42 c. Or, dans cette ration il entre d'autres vivres, et une plus grande quantité de vivres qu'il ne devra en entrer dans la ration du pupille à terre.

Quant à l'habillement, dans les budgets de la marine on porte celui complet des officiers mariniers, et des marins des équipages de ligne à 100 fr., et celui des mousses à 90 f. Or, il est sensible que celui des pupilles de la marine ne sera pas aussi coûteux. En conséquence, le reste de la somme qui est portée ici pour cette dépense devra évidemment être suffisante pour satisfaire à celle du couchage, avec les 50 francs qui y sont alloués.

DEUXIÈME CHAPITRE DES DÉPENSES.

1er Art. ÉTAT-MAJOR.

1 directeur.	2,400
2 lieutenants du directeur, chacun d'eux à 1,200 fr.	2,400
1 agent comptable.	1,500
1 médecin (l'un et l'autre pouvant avoir clientelle en ville, ou bien être attachés à l'hospice civil du lieu.)	1,000
1 chirurgien en chef	1,000
1 aumônier, pouvant appartenir au clergé du lieu.	1,200
12 professeurs ou premiers maîtres, conformément au tableau F, chacun à 1,000	12,000

Total du 1er article du 2e chapitre des dépenses. . 21,500

2e ART. PETIT ÉTAT-MAJOR.

24 répétiteurs ou seconds maîtres, conformément au tableau F, chacun à 600 f.	14,400
1 second chirurgien	600
1 secrétaire du directeur	600
1 commis aux vivres	600

Total du 2e art. du 2e chapitre des dépenses . . 16,200

3e ART. EMPLOYÉS.

26 employés dont 19 à 400 fr. et 7 à 300; voir ci-contre 9,700

Total des 3 articles du deuxième chapitre. . 47,400

voir ci-contre.

Suite du 2e CHAPITRE DES DÉPENSES.

3e ART. EMPLOYÉS.

15	surveillants des brigades et des chambres des pupilles, chacun à 400 fr.	6,000
1	écrivain pour le bureau du directeur	400
1	commis pour celui de l'agent comptable. . . .	400
1	distributeur des vivres	400
1	cocq pour la grande chaudière	400
1	aide-distributeur	300
1	aide-cocq	300
1	infirmier frater	300
1	garçon pour le bureau du directeur.	300
1	— — de l'agent comptable . .	300
1	— chargé de la propreté dans les salles d'instruction. . . .	300
1	— — dans la chapelle. . .	300
	Total du 3e art. du 2e chapitre des dépenses . . .	9,700

NOTA.

En conformité à l'article Z des articles constitutifs du projet, les sommes qui sont indiquées dans ce tableau seront destinées à tenir lieu de suppléments d'appointements, de traitement de table, de rations, etc., aux personnes à qui elles seront dans le cas d'être payées, et qui, conformément audit article Z, jouiront de leur pension de retraite, qui leur sera conservée à titre d'appointements attachés auxdites places, pour lesquelles il ne leur sera accordé, au compte de l'établissement, que les moyens de faire lenr cuisino, conformément au règlement qui existera à cet égard.

TROISIÈME CHAPITRE DES DÉPENSES.

Dépenses diverses, prévues et imprévues.

Frais de route pour les pupilles qui seront envoyés de Paris à l'établissement, et pour ceux qui iront s'embarquer dans un port de commerce, ou qui en reviendront après le voyage terminé, ou bien après l'expiration de l'année d'embarquement		15,000
Infirmerie et médicaments.		4,000
Fournitures de bureau pour le directeur.	1,500	3,100
— pour l'agent comptable.	1,000	
— pour le commis aux vivres.	600	
Entretien du mobilier, qui sera au compte de l'établissement.		3,000
Entretien des objets de cuisine		3,000
Objets nécessaires pour l'instruction donnée aux pupilles		6,000
Objets nécessaires pour l'apprentissage des métiers		6,000
Loyer du terrain pour l'établissement, et entretien de son édifice.		5,000
Dépenses imprévues		22,000
Total du troisième chapitre des dépenses . .		67,000

REVENUS DE L'ÉTABLISSEMENT.

1er ART. *Produit des remplacements de conscrits.*

150 pupilles destinés chaque année à l'armée navale, en remplacement de jeunes Français appelés au service par la loi tous les ans votée pour le recrutement de l'armée, qui voudront se faire remplacer; et chacun de ces remplacements devant être payé 1,500 francs, dont seulement 1,200 francs seront versés à la caisse de l'établissement 180,000

2e ART. *Subventions.*

La première de ces subventions serait supportée par le budget du ministère de la marine, lequel depensant plus de 300,000 fr. pour l'Ecole navale, qui ne reçoit guère que 150 élèves officiers, peut très bien être chargé d'une dépense égale à la moitié de cette somme pour l'École mariti-pupillaire, qui entretiendrait 1,200 pupilles-marins. 100,000

La deuxième serait à la charge du ministère de la justice, qui la comprendrait dans le budget général de ses dépenses, au compte de son chap. des frais de justice, lesquels bien évidemment seraient diminués de cette somme par la réduction du nombre de jeunes prévenus et de jeunes condamnés dont ce budget est maintenant obligé de supporter les frais occasionnés pour faire leur procès, de sorte que ce ne serait pour ce ministère qu'un revirement de dépenses de 50,000

La troisième serait payée par le ministère de l'intérieur, qui la comprendrait aussi dans le budget général de ses dépenses, réduites par la diminution que l'établissement des pupilles de la marine ne pourrait pas manquer d'apporter dans le nombre de jeunes détenus qui sont à sa charge, ce qui ferait un revirement de dépenses d au moins 30,000

La quatrième serait payée par le budget de la ville de Paris, qui ne paierait pas trop cher ce débouché donné au placement de sa jeune population mâle, en ne la lui faisant supporter que pour 20,000

Total des subventions 200,000

Total des revenus de l'Établissement 380,000

NOTE.

Au journal *Le Commerce*, du 15 septembre 1837, on trouve un article intitulé : **REMPLACEMENTS MILITAIRES**, et on y lit :

« Ce n'est pas seulement la cause des remplaçants qu'il » faut voir, c'est la société tout entière qui est intéressée à » la solution de ces questions. Les remplacements militaires » sont dans nos mœurs un besoin, une nécessité pour les fa- » milles; sous peine de les voir devenir et plus difficiles et » plus rares, il importe de faire cesser les innombrables abus » dont les remplaçants sont victimes. Doit-on solliciter l'in- » tervention du législateur? Ou le gouvernement ne peut-il » pourvoir à la réforme de ces abus par une simple ordon- » nance, en exécution de la loi du 18 mars 1818 sur le re- » crutement de l'armée? »

Plus loin dans le même article on lit :

« Un juif de Metz recrute, pour la classe de 1834, deux » jeunes Alsaciens. Ils sont amenés à Paris, et conduits chez » le sieur Doulot, entrepreneur de remplacements militaires, » et qui est chargé de les diriger sur Auxerre, pour être livrés » à un sieur Lavocat, entrepreneur de cette ville. Admis au » conseil de révision comme remplaçans, ils reviennent à » Paris, et reçoivent du sieur Doulot une somme de 300 fr., » sur le prix du remplacement, fixé à 1,600 fr. pour l'un et » à 1,700 fr. pour l'autre. »

On voit donc, par ce qui précède, que si dans ce projet on porte le prix du remplacement à seulement 1,500 fr., ce prix n'est point exagéré, lorsque surtout on considère les avantages qui seraient attachés à ce mode de remplacement.

D'où il suit que si ce projet était adopté, il faudrait augmenter ce prix du remplacement de 100 à 150 fr. au moins, qui appartiendraient au pupille remplaçant, en sus des 300 déjà indiqués à l'article V*bis* du projet comme devant être pour son compte déposés à la caisse d'épargnes, ainsi qu'il est indiqué à cet égard dans l'art. Y du projet.

Se porter à la page 40.

TABLEAU E.

DÉPENSES DE L'ÉTABLISSEMENT

COMPARÉES A SES REVENUS.

Dépenses.

Tableau A, 1er chapitre. .	265,500
— B, 2e chapitre . .	47,400
— C, 3e chapitre . .	67,100
Total des dépenses annuelles. . . .	380,000

Revenus.

Tableau D, total des revenus annuels. .	380,000
Balance.	000,000

TABLEAU F.

Professeurs, premiers maîtres, deuxièmes maîtres et répétiteurs attachés à l'établissement.

		Répétiteurs.
1	Professeur de mathémathiques élémentaires.	2
1	— d'hydrographie, ou des principes de la navigation	2
1	Premier maître d'artillerie pour la marine.	2
1	Premier maître du gréement des vaisseaux.	2
1	Maître de dessin linéaire.	2
1	Maître de lecture et d'écriture.	2
1	Maître de langue anglaise.	1
1	— — russe.	1
1	— — hollandaise.	1
1	— — allemande.	1
1	— — italienne.	1
1	— — espagnole et portugaise.	1

NOTA. — Les professeurs ou maîtres de langues étrangères devront assez savoir la langue française pour être en état de l'enseigner, au moins dans ses principes, aux pupilles.

Voir, d'ailleurs, au développement du projet, les articles relatifs à cet objet spécial de l'instruction qui devra être donnée aux pupilles, et dont ce tableau n'est destiné qu'à donner une première idée.

Voir ci-contre le tableau des répétiteurs et seconds maîtres.

Suite du TABLEAU F.

Répétiteurs et maîtres ou seconds maîtres attachés à l'établissement.

1 Répétiteur de mathématiques élémentaires.
1 — d'hydrographie ou des principes de la navigation.
2 seconds maîtres canonniers, dont un capable d'enseigner l'exercice du fusil.
2 seconds maîtres de gréement, dont *un voilier*.
2 Répétiteurs de dessin linéaire.
2 seconds maîtres de lecture et d'écriture.
1 Répétiteur de langue anglaise.
1 — — russe.
1 — — hollandaise.
1 — — allemande.
1 — — italienne.
1 — — espagnole et portugaise. (Si le maître est pour la langue espagnole, le second sera pour la langue portugaise.)

Maîtres de professions manuelles.

2 Maîtres charpentiers de navires et de calfatage.
1 Menuisier.
1 Tourneur.
1 Serrurier et armurier.
1 Tailleur.
1 Cordonnier.
1 Tonnelier.

POST-SCRIPTUM.

Depuis que cet écrit est à l'impression, le projet de CONSTITUTION pour la république française a été présenté.

Comme par un des articles de ce projet, on propose *d'abolir à l'avenir les remplacements dans l'armée*, il s'ensuit que si cette proposition était adoptée, un des principaux revenus affectés à la dépense de l'institution navale serait anéanti.

Quoique je ne croie pas possible que cette proposition soit adoptée, toutefois nous sommes dans un siècle où il est arrivé tant d'événements que la sagesse humaine n'aurait pas pu prévoir, qu'il serait encore possible qu'il en fût de même à l'égard de cette proposition.

Dans ce cas, il faudrait regarder comme nul le tableau D, et le remplacer *par une subvention* portée sur le budget général de la marine, auquel, comparativement, il ne serait guère plus onéreux que ne l'est celui de *l'École navale*, entretenue au port de Brest, ainsi qu'on peut le voir par le détail qui suit :

Extrait du rapport fait par M. le baron Ch. Dupin, membre du conseil d'amirauté, *au nom de la commission des finances, dans la Chambre des Députés, sur le budget général de la marine pour* 1842.

ÉCOLE NAVALE DE BREST.

Solde à la mer	144,766	60
Dépenses d'hôpital	6,515	50
Vivres, non compris la nourriture des élèves	31,320	»
Entretien du matériel	18,000	»
Dépense totale, non compris la pension des élèves	200,600	10

Dépense par élève, 4,408 fr.

Sans compter, comme on le voit, la pension des élèves.

Sans compter la déperdition graduelle de valeur du vaisseau même.

Chaque élève de la marine, avec la pension, revient donc à plus de 5,000 *fr. par année, et coûte ainsi* **PLUS QU'UN CAPITAINE DE VAISSEAU DE PREMIÈRE CLASSE!!!**

Les précédentes commissions de finances ont jugé que cette dépense était beaucoup trop considérable. Elles se sont appuyées sur une première opinion du conseil d'amirauté, partagée par le ministre. Alors on reconnaissait..........

www.ingramcontent.com/pod-product-compliance
Ingram Content Group UK Ltd.
Pitfield, Milton Keynes, MK11 3LW, UK
UKHW020457230726
13925UKWH00005B/1999